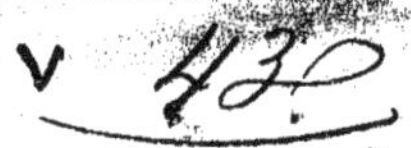

Les Lundi 25 & Mardi 26 Mars 1867.

VENTE LOUIRETTE

OBJETS

DE PREMIER ORDRE

DE LA CHINE & DU JAPON

Exposition particulière le Samedi 23 Mars
Exposition publique le Dimanche 24 Mars

Mᵉ CHARLES PILLET, COMMISSAIRE-PRISEUR | M. FEBVRE, EXPERT

1867

CATALOGUE

D'OBJETS DE PREMIER ORDRE

DE LA CHINE & DU JAPON

Émaux cloisonnés;
Bronzes damasquinés et autres; Objets en jades, en cristal de roche, en lapis et autres pierres dures;
Beaux laques; Ivoires laqués; Belles Porcelaines;
Quelques Meubles et Objets divers.

DONT LA VENTE AUX ENCHÈRES PUBLIQUES AURA LIEU

HOTEL DROUOT, SALLE Nº 1

Les Lundi 25 et Mardi 26 Mars 1867

A DEUX HEURES PRÉCISES

Par le ministère de Me **CHARLES PILLET**, Commissaire-Priseur,
11, rue de Choiseul,

Assisté de **M. FEBVRE**, Expert, 12, rue Laffitte.

Chez lesquels se trouve le présent Catalogue.

EXPOSITIONS { *PARTICULIÈRE :* Le Samedi 23 Mars 1867,
PUBLIQUE : Le Dimanche 24 Marse 1867,

DE UNE HEURE A CINQ HEURES.

CONDITIONS DE LA VENTE

Elle sera faite au comptant.

Les adjudicataires payeront *cinq pour cent* en sus des enchères.

L'exposition mettant le public à même de se rendre compte de l'état des objets, il ne sera admis aucune réclamation une fois l'adjudication prononcée.

Paris. — Imprimerie de Pillet fils aîné, 5, rue des Grands-Augustins.

AVERTISSEMENT

Nous pensons que toutes les personnes qui s'occupent des curiosités de l'extrême Orient ont encore présentes à la mémoire les deux remarquables ventes faites, en 1864, par M. Louirette; depuis cette époque, après une absence de deux années consacrées en partie à parcourir la Chine et le Japon, il offre au public amateur une réunion d'objets de la plus grande beauté, et dont quelques-uns sont de rares et peut-être uniques spécimens des plus belles périodes artistiques en Chine. Nous prenons donc la liberté de recommander cette Collection à l'attention et au goût éclairé des amateurs.

A. FEBVRE.

Paris, 15 mars 1867.

DÉSIGNATION DES OBJETS

Émaux cloisonnés

1 — Deux statues demi nature : Divinités protectrices contre les *mauvais génies*, personnifiant la Sagesse et la Science, sous les traits de femmes chinoises et tartares.

La première, assise sur un tabouret, tient de la main droite un manuscrit ouvert; elle est vêtue d'une robe jaune recouverte jusqu'aux genoux d'un surcot bleu turquoise à larges manches, orné de broderies et de passementeries de divers tons sur émail blanc; l'autre, également assise sur un tabouret, tient de la main droite un écran; elle porte pour vêtement une robe fond marron à larges manches, recouverte jusqu'à la taille d'un surcot fond jaune avec broderies bleu lapis et blanc.

Ces deux admirables pièces, uniques comme dimensions et les plus importantes connues, sont entièrement cloisonnées, sauf les figures et les mains qui sont en bronze doré.

Haut., 95 cent.

2 — Grand et magnifique vase forme balustre; pièce exceptionnelle non-seulement comme beauté et finesse de travail, mais encore comme pureté de forme.

La panse est décorée de trois frises, dont les deux premières représentent des feuilles de marguerites, où dominent les tons vert, rose et jaune impérial; celle du milieu offre des têtes d'animaux chimériques formant arabesques et trois mascarons à têtes de tigres; la troisième, des fleurs et des rinceaux.

Le col, attenant à la panse par une ceinture en bronze doré, est également décoré de trois frises : celle du bas, à triangles en bronze sur fond lapis; celle du centre, avec les emblèmes de la Vigilance à yeux de pélicans; la troisième, un rang de superbes palmettes imitant les plus beaux cachemires.

Haut., 62 cent.

3 — Deux éléphants supportant des vases; pièces d'une grande dimension.

Ces éléphants sont entièrement cloisonnés en fond brun, avec harnais en bronze doré incrusté de pierres fines; la selle repose sur une large draperie tombante à fleurs émaillées en couleur sur fond bleu turquoise, avec franges en bronze doré, elle supporte un vase forme gourde orné de médaillons à caractères chinois entourés de feuillages émaillés bleu clair sur fond blanc.

Haut., 62 cent.

4 — Grand et superbe vase à quatre faces, orné de douze frises à larges palmettes cachemire, d'emblèmes, de

grecques et de fleurs en émaux de couleurs de dix tons différents; les coins sont à arêtes saillantes en bronze doré, les anses à jour, également émaillées, sont retenues par des têtes de tigres.

Haut., 71 cent.

5 — Grande cassolette de forme rectangulaire ; la partie inférieure, à plate-bande entièrement cloisonnée, repose sur quatre pieds figurant des trompes d'éléphants en bronze doré ; la partie supérieure, à quadruple retrait, se compose de quatre galeries en bronze repercé à jour avec des parties émaillées, dominé par un bouton à jour. Décor d'arabesques de fleurs de tons variés sur fond turquoise.

Haut., 76 cent.

6 — Grand vase de forme gourde à triple panse superposées : celle du bas, est ornée du dragon impérial en rouge et bleu mélangés de blanc, s'agitant et entouré de fleurs formant entre-lacs ; les deux autres panses, formant le col, sont également décorées de fleurs et de hautes palmettes ; anses à dragons en bronze doré, détachées à jour. Riche décor d'émaux de couleurs sur fond turquoise.

Haut., 80 cent.

7 — Très-belle jardinière, splendide décor composé de trois frises, d'emblêmes et de fleurs de tons bleu lapis, jaune, rouge, vert et blanc sur bleu turquoise du plus bel émail. Anses, ronde-bosse à phényx et arêtes en bronze doré.

Haut. 24 cent.

8 — Grand vase forme balustre, la panse, ornée de semis de fleurs rouges, vertes et blanches sur fond turquoise, entoure quatre médaillons d'animaux dans des paysages, sur fond bleu clair; le col est décoré de poissons et aussi de fleurs; anses à jour formées par des salamandres également émaillées.

Haut., 75 cent.

9 — Très-belle gourde à panse aplatie, ornée sur chaque face d'un médaillon représentant, l'un un phényx au milieu d'un paysage, l'autre des dragons impériaux combattant au milieu des nuages. Ces deux médaillons sont séparés par des frises perpendiculaires formées de grecques et de fleurs; anses à *S* attenantes et à jour. Le tout en émaux de quinze tons divers sur fond turquoise. Pièce du plus charmant aspect.

Haut., 45 cent.

10 — Brûle-parfums, sur trois pieds cylindriques et anses à jour élevées, décoré d'arabesques bleu lapis formant cartouches et de fleurs; au centre, une frise émaillée même genre de décor avec bossages en bronze doré; couvercle dômé surmonté d'un bouton à jour.

Haut., 40 cent.

11 — Beau vase forme gourde; très-riche décor en émaux de couleurs sur fond turquoise, représentant des nuages entourant des médaillons réservés à caractères chinois bleu lapis. Autour du vase sont en appliques des chauves-souris émaillées.

Haut., 46 cent.

12 — Grande coupe de forme basse, à bord contourné, beau décor en taille d'épargne offrant trois frises concentriques entourant une rosace ; l'extérieur, contre-émaillé, est orné de trois autres frises en bleu lapis, rouge et blanc, sur fond turquoise.

Diam., 39 cent.

13 — Brazero à anses élevées reliées au col par des cylindres en bronze à jour ; il repose sur trois pieds à trompes d'éléphants, attenants et émaillés. Le couvercle-dômé est couronné par un bouton à jour. Cette pièce, d'un travail des plus fins, est ornée de raies-de-cœur et de fleurs variées sur fond turquoise clair.

Haut., 37 cent.

14 — Très-beau bol en émail, travail du Fo-Kien. Cette pièce, d'un décor curieux et rare, représente à l'extérieur une série de personnages : figures allégoriques, hommes, etc., de tons variés sur fond bleu lapis avec cloisons formant imbrications. A l'intérieur, six frises d'ornements divers ; la plus grande avec cartouches ; au fond est un écusson avec cigogne.

Diam., 19 cent.

15 — Brûle-parfums à couvercle d'une forme sphérique ; la partie inférieure repose sur trois pieds émaillés à trompes d'éléphants. La panse est entourée de deux frises de grecques et de rosaces ; le couvercle, à bouton creux et évasé, est aussi décoré de deux frises de grecques, de fleurs et de trois anneaux saillants en bronze doré.

Haut., 23 cent.

16 — Bol d'un très-beau décor, représentant un paysage avec arbres de diverses natures, des fleurs et des insectes; au haut et en bas, plusieurs frises. Intérieur en bronze doré.

Diam., 23 cent.

17 — Petit brûle-parfums décoré en émaux de couleurs, de cinq frises, de rinceaux et de feuilles d'eau; ces frises sont séparées par quatre ceintures en bronze doré. Pi. ds à têtes de tigres, anses émaillées à jour, couvercle dominé par un dragon accroupi.

Haut., 9 cent.

18 — Coupe ronde à anses élevées et contournées, décorée, en tons variés, de frises, de paquerettes, d'œillets et de marguerites; le tout sur fond turquoise translucide. Pieds en bronze à trompes d'éléphants.

Haut., 12 cent.

19 — Charmant petit tyng à anses élevées à jour; pieds contournés figurant des têtes de pélicans. Les quatre faces à arêtes saillantes sont décorées de grecques et de cartouches d'emblèmes de la Vigilance; le couvercle, partie en bronze et partie émaillée, est surmonté d'une chimère. Cette charmante pièce repose sur un socle rectangulaire entièrement émaillé de semis de fleurs sur fond turquoise.

Haut., 22 cent.

20 — Brazero de forme basse, décoré entièrement de fleurs

variées de tons, sur fond blanc profond; couvercle en bois à frises à jour, bouton en cornaline.

Diam., 10 cent.

21 — Brazero décoré d'une frise fond noir avec fleurs, et d'une autre beaucoup plus grande fond turquoise sur laquelle se détachent, en tons puissants, des pampres; anses en bronze émaillé à têtes chimériques.

Bronzes

22 — Beau vase de la première dynastie des Myngs, à couvercle dômé. Cette pièce, d'un grand caractère, est à quatre faces séparées par des arêtes saillantes et décorées de têtes chimériques en relief et de cartouches emblématiques incrustés d'or et d'argent; anses saillantes à jour également incrustées.

Haut., 65 cent.

23 — Jardinière de forme ronde, ornée d'une triple frise de grecques et aussi de quatre médaillons, deux à paysages chinois avec personnages; les deux autres, à dragons au milieu des vagues.

Haut. 26 cent.

24 — Tyng à anses élevées et contournées, très-richement décoré d'ornements en relief, les quatre pieds sont formés

par des têtes et des trompes d'éléphant, le couvercle dômé est à galerie repercée à jour, surmonté d'un éléphant couché portant un vase qui forme bouton; cette pièce, sur diverses parties, est enrichie de pierres fines, cabochons incrustés.

Haut. 43 cent.

25 — Brûle-parfums à anses élevées à jour, la panse richement ornementée de frise avec cabochons en pierres fines incrustés, les trois pieds sont formés par trois têtes d'animaux chimériques.

Haut. 35 cent.

26 — Rhinocéros debout formant brûle-parfums, pièce entièrement damasquinée d'or et d'argent.

Haut. 22 cent.

27 — Deux brazeros avec bords saillants à plates-bandes; les pieds formés par des têtes et des trompes d'éléphants; couvercles dômés à double frises enflées repercées à jour, surmontées par des éléphants couchés supportant des vases formant bouton; ces deux pièces sont damasquinées d'argent sur toutes leurs parties.

Haut. 35 cent.

28 — Grande théière ornée en relief de deux larges frises incrustées d'argent; le couvercle, également damasquiné, offre un serpent enroulé, dont la tête forme le

bouton; anse à tête de dragon, goulot offrant le corps d'un animal chimérique.

Haut. 29 cent.

29 — Vase bouteille à grosse panse; cette pièce, d'une fonte très-fine, est ornée de cinq frises et de palmettes en argent damasquiné.

Haut. 26 cent.

30 — Brûle-parfums ayant la forme d'un animal chimérique, tête mobile reliée au corps par une chaînette; pièce entièrement damasquinée d'argent.

Haut. 26 cent.

31 — Brûle-parfums semi-sphérique; pieds formés par des salamandres dont les queues repliées sur la panse entourent des cartouches de caractères chinois, anses à tête de faisans aux ailes déployées.

Haut. 12 cent.

32 — Très-jolie garniture composée de trois pièces: un vase et deux cornets; ces pièces sont décorées en relief de lambrequins et de frises et aussi enrichies d'incrustations de perles fines et de pierres précieuses.

33 — Très-belle bouteille à grosse panse et col élevé; terminée au col par quatre lobes, cette pièce, entièrement damasquinée d'argent, est décorée de cinq frises et de grandes palmettes.

Haut. 29 cent.

34 — Brazero à anses élevées à jour, de forme ronde; pièce d'une très-belle patine et d'une belle fonte.

35 — Petit brazero de forme basse; cette pièce, d'une belle fonte, est décorée de feuilles en martelé d'or; anses élevées à jour.

Diam. 11 cent.

36 — Très-beau vase cylindrique; la panse entourée de caractères chinois damasquinés d'argent, en haut et en bas plusieurs frises également damasquinées, ainsi que le couvercle.

Haut. 26 cent.

37 — Petite jardinière d'une belle patine, elle est martelée d'or, ainsi que les pieds formés par des têtes et des trompes d'éléphants; anses élevées à jours.

Haut. 77 cent.

38 — Petit tyng à quatre pieds contournés à têtes de pélicans; cette pièce est a arêtes saillantes séparant des frises. Le tout doré sur fond chagriné.

Haut. 12 cent.

39 — Vase hanap orné d'arêtes saillantes, séparant des frises emblématiques incrustées d'or et d'argent; anses à tête de tigre.

Haut. 11 cent.

40 — Petite et charmante coupe, ornée d'une frise dorée en relief, offrant des fleurs de marguerites et des papillons en réserve d'or sur fond chagriné ; anses à jour à têtes de tigre. Au revers et comme marque, un papillon doré.

Diam. 10 cent.

41 — Coupe d'un très-beau décor, composé de trois frises en relief doré en réserve, représentant des arabesques, des accessoires, des fleurs et divers animaux ; anses à torsades détachées à jour.

Diam. 12 cent.

Jades

42 — Grande et belle coupe à couvercle, la panse ornée de rinceaux très-finement sculptés, le couvercle décoré d'emblèmes, d'un couronnement à jour, formé par quatre sceptres retenant des anneaux mobiles; anse à trompes d'éléphant et chauves-souris sculptées dans la masse supportant des anneaux.

Haut., 17 cent.

43 — Très-beau vase en jade blanc; il est à quatre faces et richement décoré de fleurs et d'entrelacs sculptés ; anses à têtes de tigres soutenant des anneaux mobiles, couvercle dômé avec bouton carré.

Haut., 27 cent.

44 — Jolie coupe de forme basse; les coins à lobes, avec anses à anneaux mobiles, sont surmontés de papillons sculptés; autour de la coupe sont des frises et des médaillons représentant des caractères chinois.

Diam., 19 cent.

45 — Vase hanap en jade blanc très-richement sculpté de frises à rinceaux, alternées d'arêtes saillantes; sur le devant, en relief, sont trois têtes de tigres superposées; celle du milieu retient un anneau mobile pris dans la masse; l'anse est formée par une crosse derrière laquelle grimpe une salamandre; couvercle à bouton sculpté.

Haut., 20 cent.

46 — Coupe basse ovale avec contours lobés; cette belle pièce en jade vert impérial offre au centre un pêcher avec ses fruits, le tout sculpté à haut-relief; les anses sont à têtes chimériques reposant sur des supports à jour.

Diam., 25 cent.

47 — Coupe à couvercle en jade blanc; la panse est décorée de rinceaux finement sculptés, alternés par six arêtes saillantes; elle repose sur trois pieds ronds et élevés légèrement contournés; les anses à jour sont à têtes d'animaux chimériques et supports retenant des anneaux mobiles; le couvercle, orné également de rinceaux et d'arêtes, est dominé par un bouton à bandes plates repercées à jour.

Haut., 17 cent.

48 — Grande et belle jardinière en jade blanc ayant la forme d'un cippe, le tour d'un beau décor très-finement sculpté, représente des personnages chinois dans un paysage et de hauts rochers.

Haut., 13 cent.

49 — Brazero à couvercle en jade vert translucide, de forme sphérique; la panse ornée de deux frises de palmettes et de grecques en relief sur fond quadrillé est supportée par des pieds cylindriques, à têtes de tigres; le couvercle est également décoré d'une frise au-dessus de laquelle sont en ronde-bosse trois chimères accroupies; anses élevées à S repercées à jour; bouton rond évidé en creux.

Haut., 27 cent.

50 — Vase à couvercle de forme élevée en jade blanc, à quatre faces avec coins arrondis; la base offre, en ronde-bosse sculptée, un rocher, un pêcher avec ses branches et ses fleurs, puis deux oiseaux, l'un perché, l'autre dans les airs.

Haut., 20 cent.

51 — Jardinière de forme basse ayant la forme de deux coupes rondes accollées; le bord décoré d'une rangée de perles, le tour avec bandes rondes perpendiculaires en saillies, au milieu, anse plate à quadrilles à jour et à papillons.

Diam., 21 cent.

52 — Coupe à couvercle en jade vert clair transparent, la panse entourée de deux grecques, dont l'une à haut-relief; anses formées par des têtes de lion et des volutes soutenant des anneaux mobiles, couvercle dômé avec frise de grecques et raies-de-cœur, bouton à jour à animal chimérique.

Haut., 15 cent.

53 — Charmant vase en jade blanc; il est à quatre faces et entouré de deux salamandres grimpantes en saillie; anses à jour et anneaux mobiles, couvercle dômé à bouton, pied détaché en jade gris.

Haut., 24 cent.

54 — Jolie coupe à couvercle rentrant, décoré, ainsi que la panse, de ceintures de grecques.

55 — Charmante coupe ronde en jade blanc, le couvercle dômé, ainsi que la panse, sont décorés de deux ceintures de grecques, beau socle en même matière orné au centre d'une frise et autour d'une feuille d'eau.

Haut., 17 cent.

56 — Disque en jade impérial orné, d'un côté, d'un paysage à haut-relief avec personnages chinois et kiosques; au revers est un arbre croissant dans un marais. — Pièce rare.

Diam., 18 cent.

57 — Deux belles coupes rondes en jade blanc; au centre sont des branchages et des fleurs sculptées à haut-relief.

Diam., 13 cent.

58 — Belle coupe à couvercle en jade translucide moucheté de vert impérial, très-finement évidée.

Diam., 13 cent.

59 — Vase à couvercle forme balustre aplati, matière rare, jade jaune miel, la panse et le col ornés de larges palmettes ; anses à jour à crosse.

Haut., 18 cent.

60 — Tyng en jade vert transparent, anses détachées à S; sur chacune d'elles sont sculptés des cartouches emblématiques alternés d'arêtes en saillies; pieds contournés attenants à têtes chimériques; le couvercle est surmonté d'une chimère debout se mordant la queue.

Haut., 18 cent.

61 — Coupe à panse et col évasé en jade blanc; autour du col une frise de palmettes en relief, le bas avec ceinture de raies-de-cœur.

Diam., 12 cent.

62 — Grande coupe en jade translucide jaspé de vert impérial. Très-belle matière.

Cristaux de roche et Matières diverses

63 — Pièce splendide, de première importance, par le beau travail, la pureté de la matière et la dimension.

Vase en cristal de roche ayant la forme d'un hanap, les panses légèrement aplaties; sur l'une en haut-relief est une salamandre dominant un écusson; sur l'autre un phénix près d'un autre écusson; anse à jour formée par une crosse sculptée; sur le devant, une tête d'aigle; le couvercle contourné est orné d'emblèmes.

Haut., 28 cent.

64 — Vase en cornaline onix blanche et rouge; la partie blanche offre un vase à panse aplatie orné de nuages et de tiges de champignons en relief; la partie rouge attenante offre, en ronde-bosse, des branches sur lesquelles est un phénix aux ailes déployées.

Haut., 15 cent.

65 — Vase en cristal de roche, de forme balustre hexagone; sur la panse sont des dragons gravés, les anses, à crossettes à jour, sont dominées par des têtes d'animaux chimériques.

Haut., 18 cent.

66 — Vase à fleurs en lapis-lazuli; il offre un tronc d'arbre creusé autour duquel se détachent à jour des arbres chargés de feuilles et de fleurs.

Haut., 12 cent.

67 — Tasse en cristal de roche de forme évasée; anses formées par des supports à jour.

Diam., 9 cent.

68 — Groupe en cornaline onix blanche et rouge; la partie blanche représente deux philosophes faisant l'éducation d'un écolier; la partie rouge offre en ronde-bosse une biche accroupie, des branches et des fruits du Mango.

Haut., 15 cent.

69 — Deux petites coupes en agate mamelonnée; anses évidées à jour prises dans la masse.

70 — Vase en cristal de roche blanc et vert; la partie blanche offre un vase balustre à panse aplatie ornée de nuages gravés; il repose sur un tronc d'arbre en ronde-bosse; anses à jour à S; la partie verte représente un vase plus petit entouré de branchages et d'un phénix.

Haut., 10 cent

71 — Coupe en agate mouchetée de rouge, ayant la forme d'une feuille de lotus; l'une des anses avec salamandre

grimpante en ronde-bosse, l'autre des tiges et des fleurs de lotus.

Diam., 16 cent.

72 — Grande coupe ronde évasée et son couvercle en cristal de roche; le bouton évidé.

Diam., 11 cent.

73 — Grand vase en cornaline onix rouge et blanche ; la partie blanche offre un vase balustre avec nuages gravés; le tour, partie blanc et rouge, des phénix, des branches et des fruits de pêcher.

Haut., 20 cent.

74 — Petit vase balustre à couvercle en cristal de roche, entouré en ronde-bosse de branchages et de tiges de champignons, anses à jour formées de grecques.

Haut., 15 cent.

75 — Petite coupe en cornaline rouge et blanche ; elle est de forme ovoïde et entourée de frises sculptées ayant des caractères chinois, anses attenantes à anneaux ; couvercle surmonté d'un tigre accroupi.

76 — Vase à fleurs en cristal de roche blanc avec quelques parties noires en réserve ; il a la forme d'un tronc d'arbre entouré en ronde-bosse de branches et de feuillages.

Objets du Japon

77 — Deux grands vases en bronze forme balustre à cols évasés ; ces belles pièces sont entièrement incrustées d'argent représentant des pivoines et des entrelacs, anses ronde-bosse, formées par des papillons.

78 — Très-joli meuble étagère à tiroirs, ayant la forme d'une habitation japonaise avec vestibule et verandah. Cette pièce, en laque avanturiné, est décorée en or en relief d'oiseaux et de paysages, la partie supérieure formant plateau, est ornée d'un paysage (garniture en argent).

79 — Grand cippe en ivoire; le tour décoré de six panneaux de paysage laqué en or de couleur séparés par des bandes en réserve; socle en laque noir orné en or de trois frises à losanges et à quadrilles.

80 — Laque d'or. Très-belle boîte rectangulaire à coins arrondis; elle est à double compartiments ; le couvercle et le contour ornés de branchages en relief en or de plusieurs tons.

81 — Charmant petit meuble ayant la forme d'une table sur quatre pieds élevés et à compartiments intérieurs formés de deux boîtes superposées. Cette pièce en laque fond noir

ponctué d'or est décorée en relief avec parties brunies, de figures et de touffes de marguerites; la boîte mobile contient un plateau et deux compartiments destinés à mettre du fard.

82 — Laque d'or. Jolie petite boîte ovale à quatre lobes, sur le couvercle en or de couleur sont en relief des grues entourées de fougères, sur le contour sont aussi des feuilles de fougère.

83 — Charmant meuble à trois faces plates; le devant à triangle à retrait. Cette pièce en laque avanturinée est décorée de paysages en or de plusieurs tons; le dessin offre l'aspect de trois éventails superposés sur lesquels sont trois cartouches en or bruni avec dessins de paysages. Monture argent.

84 — Très-joli petit meuble, dit cabinet, en ivoire laqué or. Ce petit meuble offre sur trois côtés des oiseaux et des tiges de bambous, sur le devant, un tiroir à la base, puis deux vanteaux recouvrant cinq tiroirs à l'intérieur, toutes ces pièces également laquées d'or représentent des paysages entourés d'arbres, les arêtes sont ornées d'appliques en argent gravé.

85 — Laque d'or. Boîte ronde à couvercle à deux compartiments, le couvercle offre une fleur de marguerite à quatre rangées de pétales; sur le contour est un semis de pâquerettes en argent bruni.

86 — Belle et grande boîte de forme carrée et à double compartiments et tiroirs ; les côtés sont dorés et ornés d'écharpes en or et de couleur, le couvercle représente un paysage avec gros arbres et oiseaux divers également en or de couleur, sur fond aventuriné.

87 — Beau meuble de fumeur muni de sa pipe en argent émaillé, il est en bois naturel décoré de paysages en or laqué de plusieurs tons; la partie supérieure avec galerie en bois sculpté; au centre, le réchaud en bronze entièrement damasquiné d'argent.

88 — Laque d'or. Petite boîte de forme ovoïde, décor de fleurs en relief en or de plusieurs tons sur fond bruni.

89 — Boîte ovale à quatre lobes et à couvercle ; le tour en or mat uni ; le couvercle en or bruni rehaussé d'un paysage et de plusieurs paons en or de tons divers.

90 — Petit meuble-cabinet à estrades et tiroirs; fond laqué noir sablé d'or avec décor de paysages en or de couleurs, le dessus offre un plateau ayant la forme d'un éventail, même genre de décor.

91 — Boîte ronde en ivoire ; le couvercle offre en relief laqué d'or et d'argent, des meubles, divers accessoires et une petite figurine en bronze.

92 — Charmante boite en laque d'or bruni à couvercle ren-

trant décorée ainsi que le contour de feuilles de bardane; à l'intérieur, deux compartiments superposés offrant une seconde boîte et un plateau, le tout orné de fleurs et d'un casque sur fond aventuriné.

93 — Boîte à couvercle de forme hexagone; l'extérieur en laque d'or uni; le couvercle, en laque semé d'or de plusieurs tons, représente un paysage sur lequel se détachent deux figurines en bronze.

94 — Laque d'or. Trousse de médecin à quatre compartiments superposés, décoré de plusieurs figurines en relief en or de couleurs.

95 — Meuble de fumeur de forme hexagone en bois naturel, laqué de fleurs en or; le haut offre une galerie à jour, au centre, le brazero en bronze laqué ; petite pipe en argent damasquiné d'or.

96 — Boîte à couvercle ayant la forme de quatre boîtes accollées, deux rondes, une carrée et une presque rectangulaire; le tour en laque noir semé d'or avec décor de fougères; le couvercle représente en or de tons variés des personnages assis dans un paysage.

97 — Deux belles boîtes à couvercles ayant la forme de sphères, fond laqué en or bruni rehaussé de feuillages et de fleurs en or de couleurs; socles avec pieds à jour en laque noir surmontés de supports circulaires en ivoire décorés d'insectes incrustés.

98 — Charmante boîte à couvercle ayant la forme de deux coquilles accollées; fond en laque d'or bruni sur l'une des coquilles dépendant du couvercle est un paysage en or de tons variés.

99 — Boîte ronde en ivoire. Le couvercle décoré d'un bouquet de fleurs laqué or et métal et d'une boîte entr'ouverte.

100 — Boîte en laque or bruni; le couvercle avec encadrement entourant un paysage avec cours d'eau et kiosque.

101 — Boîte plate de forme rectangulaire en bois naturel laqué d'or et décorée d'arbustes et de fleurs.

102 — Boîte rectangulaire élevée à couvercle; le tour en or mat avec médaillons en laque rouge et noir orné de fleurs et feuillages; le couvercle, en or de plusieurs tons, représente un paysage montagneux.

103 — Laque d'or. Petite boîte plate et carrée; le couvercle orné de feuilles de fougère.

104 — Boîte ronde à couvercle; le tour en laque or bruni, le couvercle est décoré en relief d'un paysage avec coq et poule en or de couleurs.

105 — Boîte en laque or mat; le couvercle, avec encadrement

entourant un paysage avec chute d'eau sortant d'un rocher.

Haut., 5 cent.

106 — Trousse de médecin en ivoire laqué d'or de couleurs, décorée d'un paysage avec grues et figurine de mendiant portant une outre.

107 — Petite boîte de forme carrée en laque d'or avec pâquerettes et autres fleurs en burgau incrusté.

108 — Laque d'or, coupe, au centre un poisson.

— Laque d'or, autre coupe, au centre un fruit du mango.

109 — Émail cloisonné du Japon. — Une coupe ovale de forme lobée, très-beau et rare spécimen, contre-émaillée, entièrement décorée d'une grande quantité de fleurs de tons variés sur fond vert.

110 — Émail cloisonné du Japon. — Vase à couvercle de forme ovoïde, pièce contre-émaillée d'un précieux travail offrant des fleurs variées et des cartouches en lozanges sur fond vert.

111 — Émail cloisonné du Japon. — Belle coupe ornée de cartouches à imbrications sur fond blanc et de semis de fleurs sur émail vert.

Porcelaines

112 — Très-beau vase de forme hexagone de la dynastie des Myngs, décoré sur chaque pan de personnages chinois et d'enfants se détachant en haut-relief; autour du col sont également en haut-relief des vases, des meubles et des accessoires; plus bas, en émaux de couleurs est une frise dessin de cachemire; piédouche avec pourtour de fleurs émaillées.

Haut., 48 cent.

113 — Vase de forme droite, la panse à quatre lobes, fond en émail vert impérial et à reflets métalliques; anses à têtes de tigres en rouge de cuivre. Pièce rare offrant par sa couleur l'aspect du jade impérial.

Haut., 22 cent.

114 — Beau vase cylindrique, fond bleu perse avec sémis d'or, sur le fond se détachent en émaux de couleurs deux grands personnages chinois, plusieurs oiseaux et un bananier.

Haut., 46 cent.

115 — Très-beau vase cylindrique de l'époque des Myngs, décoré de personnages; sur une partie, un empereur dans son harem; sur l'autre, des femmes à des balcons regardant d'autres femmes dans des nacelles occupées à cueillir des feuilles de lotus; le col est entouré d'une frise et de cartouches de fleurs.

Haut., 45 cent.

116 — Grande vasque de forme semi-ovoïde en porcelaine, fond vert clair céladoné, ornée de cinq frises de grecques de raies-de-cœur et de palmettes, le tout gauffré sous émail.

Diam., 57 cent. Haut., 48 cent.

117 — Grand brûle-parfums à anses élevées à S à jour; la panse, de forme sphérique, est supportée sur trois pieds à têtes de tigres; cette belle pièce est décorée sous émail et en relief, d'un combat de dragons dans des nuages.

Haut., 31 cent.

118 — Beau vase de la dynastie des Myngs, de forme cylindrique, orné en émaux de couleurs de six médaillons, offrant des fleurs, des insectes et des rosaces; le tout sur fond rouge de cuivre et blanc, autour du col cinq frises variées. — Très-belle pièce.

Haut., 47 cent.

119 — Grande jardinière de forme cylindrique, le tour, décoré en émaux de couleurs, représente les flots de la mer sur lesquels planent les divinités protectrices de la Chine.

Diam., 49 cent. Haut., 41 cent.

120 — Beau vase cylindrique de l'époque des Myngs, entouré d'un riche décor en émaux de couleurs, représentant les femmes d'un harem, regardant passer le cortége d'un empereur suivi de nombreux serviteurs et des gens de sa cour allant à la promenade; autour du col une frise et des fleurs.

Haut., 46 cent.

121 — Charmant vase de forme élevée à quatre pans, orné sur chaque face d'un fond vert émeraude sur lequel se détachent en émaux de couleurs des tiges de fleurs variées; le col avec double ceinture; même genre de décor.

Haut., 50 cent.

122 — Beau vase cylindrique de la dynastie des Myngs, partie fond blanc sur lequel sont en émaux de couleurs un riche décor de fleurs et de papillons formant médaillons; autour du col d'autres fleurs et quatre frises variées.

Haut., 46 cent.

123 — Grande et belle bouteille gargoulette vert camélia, fond truité. Cette pièce est le plus beau et le plus grand spécimen connu en ce genre.

Haut., 47 cent.

124 — Très-belle jardinière de forme ronde et évasée, fond jaune impérial, décorée sur toutes ses parties de fleurs gaufrées sous émail.

Diam., 45 cent. Haut., 27 cent.

125 — Très-beau vase cylindrique de la dynastie des Myngs, orné de huit médaillons en émaux de couleurs sur fond blanc; ils représentent des paysages, des personnages, des meubles, tous avec inscriptions de caractères chinois. Tous ces médaillons sont entourés d'encadrements verts; le col est orné de cinq frises diverses.

Haut., 44 cent.

126 — Vasque de forme sphérique aplatie à gorge droite, rebord uni plat et anses surélevées à jour; elle est soutenue par trois pieds à mufles de lions, émail uni imitant la patine du bronze.

Diam., 24 cent. Haut., 24 cent.

127 — Grand vase cylindrique de la dynastie des Myngs; le tour avec très-beau décor à personnages chinois, représente un empereur entouré de sa cour, se préparant à partir en voyage; en bas sont des écuyers et des serviteurs entourant un char avec parasol.

Haut., 46 cent.

128 — Beau vase de forme balustre, très-bel émail, fond bleu turquoise, le tour orné de trois frises gaufrées sous émail, représente des vagues, alternées d'emblèmes, puis des palmettes et des rinceaux.

Haut., 27 cent.

129 — Vase de forme élevée à panse renversée, décor fond bleu à marguerites, recouvert en réserve et en émail vert transparent, de nombreux entrelacs.

Haut., 46 cent.

130 — Beau vase de forme ovoïde, orné de sept frises réservées en biscuit brun sur fond chamois céladoné et craquelé; anses en relief offrant des papillons.

Haut., 32 cent.

131 — Grande bouteille à long col évasé ; la panse est décorée sous émail bleu empois, de cinq frises gaufrées à palmettes, fleurs et rinceaux.

Haut., 59 cent.

132 — Brûle-parfums à couvercle; en blanc de Chine; anses à oreillons à jour; la panse est ornée de cinq frises gaufrées sous émail, de feuilles d'eau, raies-de-cœur et entrelacs; couvercle avec frise et surmonté d'une tige de champignon formant bouton.

Haut., 22 cent.

133 — Grand et beau vase à panse renversée, le col entouré d'une frise à cachemire, la panse ornée de personnages chinois dans un paysage, présentant un enfant à un vieillard ; le tout émaillé en couleur.

Haut., 49 cent.

134 — Vase de forme élevée à quatre faces de la dynastie des Myngs; sur chaque face en émaux de couleurs sont représentés des arbres avec leurs fleurs et d'autres arbres sur lesquels sont perchés des oiseaux de diverses espèces.

Haut., 49 cent.

135 — Jardinière semi-ovoïde, très-bel émail bleu turquoise uni. Pièce de grande dimension.

Diam., 40 cent. Haut., 32 cent.

136 — Vase de la dynastie des Myngs, de forme ovoïde élevée, le tour orné en émaux de couleurs d'un sujet à personnages chinois; empereur sur son trône, entouré de ses courtisans, donnant audience à un mandarin; col entouré d'une frise de fleurs, d'insectes et de plantes.

Haut., 46 cent.

137 — Vase en blanc de Chine de forme cylindrique; le col et la base entourés de frises à palmettes, gaufrées sous émail; le tour avec décor de rinceaux et de fleurs.

Haut., 39 cent.

138 — Grand vase de forme ovoïde élevée; le tour décoré en émaux de couleurs de grands personnages chinois; réunion de philosophes.

Haut., 64 cent.

139 — Jardinière hémi-sphérique; le tour décoré de figurines chinoises dans un paysage. Jongleurs ambulants.

Diam., 34 cent.

140 — Vase cylindrique de la dynastie des Myngs; le tour décoré en émaux de brillantes couleurs, de roches et d'arbres avec fleurs et oiseaux, le tout émaillé.

Haut., 37 cent.

141 — Bouteille ou gourde à panse aplatie, anses à crossettes à jour, fond en émail blanc avec décor gaufré, représentant des phénix au milieu de pivoines.

Haut., 34 cent.

142 — Jardinière cylindrique élevée avec rebord à bandes plates, fond en émail uni bleu turquoise; le tour décoré de deux frises gravées sous émail et de deux autres frises de grecques et de godrons gaufrés.

Haut., 30 cent.

143 — Bouteille dite gargoulette de la dynastie de Kien-Long, ornée de liserés saillants séparant sept frises en émaux de couleurs, offrant des entrelacs, des fleurs et des fruits de pêcher.

Haut., 37 cent.

144 — Vase balustre, émail fond jaune chatoyant ; le tour orné d'arêtes saillantes, de frises et de palmettes gaufrées sous émail ; anses à trompes d'éléphants.

Haut., 25 cent.

145 — Charmant vase à quatre pans, les coins à encadrements en émaux verts entourant des panneaux rouges à quadrilles à jour ; le col même genre d'ornementation.

Haut., 33 cent.

146 — Chat assis, bel émail uni bleu turquoise, les yeux en nacre incrusté.

Haut., 22 cent.

147 — Jardinière à quatre pans; le haut évasé, le tour orné en émaux de couleurs, d'écoinçons entourant des médaillons ornés de courges et de papillons.

Diam., 45 cent. Haut., 28 cent.

148 — Beau vase à quatre faces de la dynastie de Kien-Long, fond en émail gros bleu sur lequel se détachent en tons variés, des ornements et des fleurs de différentes espèces; anses à mufles de lions.

Haut., 38 cent.

149 — Bouteille dite gargoulette de la dynastie de Kien-Long, beau décor fond jaune impérial uni, sur lequel se détachent en couleur quatre ceintures gravées, offrant des grecques, des palmettes et des bandes de raies-de-cœur.

Haut., 32 cent.

150 — Deux jardinières hémi-sphériques émaillées à l'intérieur et à l'extérieur d'un fond uni bleu turquoise.

Diam., 22 cent.

151 — Grand bol en céladon craquelé fond vert d'eau; le tour décoré d'une frise et d'une ceinture de fleurs gaufrées sous émail.

Diam., 42 cent.

152 — Vase cylindrique, beau décor, fond émail noir, décoré de médaillons de fleurs et d'animaux en rehauts d'or.

Haut., 45 cent.

153 — Deux petits vases forme balustre, décor de fleurs et de branchages noirs sur fond turquoise.

Haut., 25 cent.

154 — Très-joli vase à panse renversée émaillé vert clair uni, et très-finement craquelé. Rare échantillon.

Haut., 22 cent.

155 — Vase à grosse panse à anses saillantes à jour; le tour fond turquoise est orné de plusieurs frises de grecques et de palmettes gaufrées sous émail.

Haut., 23 cent.

156 — Petite bouteille à col élevé, le bord évasé; émail fond rouge aventuriné à reflets métalliques.

Haut., 23 cent.

157 — Charmant petit vase à grosse panse, fond vert clair uni orné de sept frises gaufrées sous émail; anses à têtes de tigres et anneaux attenants.

Haut., 20 cent.

158 — Coupe fond vert camélia uni, finement craquelé.

Diam., 25 cent.

Meubles et Objets divers

159 — Grande armoire à deux vantaux en bois d'acajou à panneaux en retrait et filets dorés encadrant six plaques de porcelaine décorées de rinceaux, d'arabesques et de fleurs en émaux de couleurs sur fond vert clair; l'entablement, décoré de trois plaques, également en porcelaine.

Haut., 1m,80.

160 — Meuble à hauteur d'appui en acajou et bois noir; la porte est ornée de cinq plaques de porcelaine à décor émaillé sur fond bleu clair.

Haut., 1m,30.

161 — Une table en bois de fer de forme rectangulaire reposant sur quatre pieds à crosses, le dessus et les côtés sont richement décorés de fleurs, d'oiseaux et d'arabesques en burgau incrusté.

162 — Une autre table de même forme que la précédente; même genre de décoration.

163 — Boîte à bijoux à compartiments et tiroirs; le dessus mobile encadre un miroir; la partie antérieure se développe en deux vantaux ayant des tiroirs attenants. Cette pièce, en bois de fer, est sur toutes ses faces ornée d'incrustations en burgau.

164 — Deux vases de forme ovoïde en émail de Hou-chow, décor à semis de fleurs, sur fond bleu turquoise.

165 — Guéridon en bois de fer très-richement décoré d'incrustations en burgau, supporté par un balustre terminé en bas par trois pieds.

166 — Divinité bouddhiste. Grande figurine en bronze reposant sur une roche en bois sculpté à jour.

Haut., 59 cent.

167 — Divinité bouddhiste. Figurine en bronze représentant une femme nue à tête de dragon; ses bras, ses poignets et ses pieds sont entourés d'anneaux; à son cou est un riche collier en bronze doré incrusté de pierres fines; la tête, à large chevelure et cornue, est en partie émaillée.

Haut., 60 cent.

168 — Grand et beau vase à panse aplatie formée de quatre lobes en laque rouge de Pékin; la panse est richement ornée d'encadrements à rinceaux finement sculptés en-

tourant des panneaux en hauteur, représentant des personnages chinois dans un paysage; la base et le col sont entourés de larges palmettes.

Haut., 42 cent.

169 — Très-joli petit Tyng en bronze doré très-finement ciselé; il repose sur quatre pieds à têtes de pélicans; cette charmante pièce est enrichie de pierres précieuses en cabochons, saphirs, rubis et perles fines.

170 — Boite à collier. La partie centrale à jour, en jade vert transparent moucheté de blanc; sur le couvercle sont des fleurs en relief, en pierres dures, jade de couleur, lapis, malachite, cristaux et corail.

171 — Deux buires en bronze doré du Tonkin; les couvercles avec chimères, les panses ornées de médaillons de fleurs très-finement ciselés.

172 — Coupe en ambre orangé ayant la forme d'une feuille soutenue par des branchages sculptés à jour.

173 — Vase cornet en bronze, orné sur toutes ses parties de papillons et d'insectes en relief, tous incrustés d'or et d'argent sur un fond chagriné. — Charmante pièce.

Haut., 19 cent.

174 — Brûle-parfums en bronze doré du Tonkin reposant sur trois pieds cylindriques; le couvercle à jour surmonté

d'une chimère; la panse avec ceintures de palmettes unies et médaillons de fleurs et d'accessoires très-finement ciselés.

175 — Vase en jade vert clair; il est de forme évasée et simule plusieurs feuilles exotiques, reliées au centre par un anneau orné de salamandres en relief.

176 — Petit brûle-parfums en émail vitrifié, verre onyx bleu avec décor de frises de rinceaux taillés à la pointe.

177 — Cippe en ivoire, décoré en relief, partie laquée et partie avec incrustation de burgau d'un personnage chinois conduisant un chariot portant un panier de fleurs et de fruits: le chariot, suivi par un vieillard, est attelé d'un cerf.

178 — Tyng en bronze doré du Tonkin, couvercle à jour avec chimère; le tour avec médaillons de fleurs ciselées, angles à arêtes saillantes, pieds contournés.

179 — Charmante coupe en jade vert transparent moucheté de blanc, très-belle matière.

180 — Vase de la dynastie des Songs. Cette pièce des premiers âges céramiques est finement craquelée sur un émail bleu turquoise d'un ton fin.

181 — Deux charmantes petites coupes formées de quatre

lobes en jade vert impérial et jaune d'ambre; elles reposent sur deux tiges de lotus.

182 — Petit vase à fleurs en porcelaine ayant la forme d'une branche de pêcher portant trois de ses fruits.

183 — Charmant collier en jade vert impérial, composé de vingt perles de la plus belle eau.

184 — Bracelet en jade vert tendre, matière des plus rares, composé de dix perles.

185 — Une paire de boucles d'oreilles, anneaux en jade vert impérial, montés avec pendeloques.

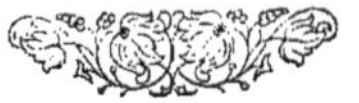

www.ingramcontent.com/pod-product-compliance
Ingram Content Group UK Ltd.
Pitfield, Milton Keynes, MK11 3LW, UK
UKHW021033180726
13838UKWH00004B/1768

9 782329 545769